Karin Peters

Dort, wo die feinen Nebel rufen

Bibliografische Information der Deutschen Nationalbibliothek

Die Deutsche Nationalbibliothek verzeichnet diese Publikation in der Deutschen Nationalbibliografie; detaillierte bibliografische Daten sind im Internet über http://dnb.d-nb.de abrufbar.

1. Auflage, September 2016

Text © Karin Peters
Kontakt: karin-peters-ac@gmx.de

Titelfoto © Andreas Bures, Wien

Layout & Satz: Ralf Wolf
www.autorenservice.net

Herstellung und Verlag:
BoD – Books on Demand, Norderstedt

ISBN: 978-3-7412-7680-4

Karin Peters

Dort, wo die feinen Nebel rufen

Gedichte

Das ist die Sehnsucht: wohnen im Gewoge
und keine Heimat haben in der Zeit.
Und das sind Wünsche: leise Dialoge
täglicher Stunden mit der Ewigkeit.

Rainer Maria Rilke

Betrachtungen
zum Stand der „Lyrischen Dinge"

Nach wie vor ist Lyrik keine leichtverkäufliche Ware –
weil sie nun mal nicht für die Masse angelegt ist.

Soll ich das jetzt bedauern?

Für meine lyrischen Freunde bedaure ich dies schon,
auch für die kleineren Verlage, die oftmals um ihre
Existenz kämpfen müssen.

Jedoch im Grunde meines Herzens fühle ich anders.
Denn wer möchte wohl gerne so etwas Empfind-
sames wie Lyrik für die Masse hergeben?

Aber sei es wie es sei, trotz aller Unkenrufe:
Unsere Lyrik lebt!

Karin Peters
Aachen, im Juni 2016

I

s c h w e i g t

dein lächeln entglättet

schiebt die wolken bei

seite – absichtslos lässig

auf der stuhllehne der

arm sein flaum schweigt

eine andere sprache

blaue arme

tintoretto blaue arme tattoo
um tattoo

in lippen & ohren geschraube
schlupflidrige braue

tintoretto blaue arme zwei flügel
ein engel

warum

besessen von stille
lauschend den strömungen

worte blut rauschen rauschen

im hintergrund leise tönend ein lied
eine melodie – die leier

schlaflos

in den furchen winden glitzern bilder
hasten fliegen wortgebinde
sätze ohne zahl purzeln quer und wieder
in den tiefen züngeln flammen lecken hoch
zum hirngerinde
mutieren dort zum flächenbrand

der sohn der dichterin

    also sprachst du
    sieh nur wie schön
    die weißen nebel
  aus den wäldern steigen
    ich sah dich an und
        fand
     mich wieder
       in dir

schau dich um
schon duftet das gras
so blau

der himmel
war unsere zuflucht
als die nacht
den morgen küsste

schau dich um
wenn perlen vergeblich
die erde netzen

meine träume
meine hoffnung
in dir
du trägst sie hinweg

wohin?

worte
sinnlos
verstaubt
milchig geronnen
fallen

in den tag
brunnentief
berühren
niemals
den grund

wie viele
ohne klang
ohne duft

brechen ein
ohne widerhall
versanden
stranden
ins nichts

finden kein ziel
und doch
am anfang
und doch
jeden tag

der schrei

wie trunken ist die welt
verändert
trunken dieses himmelblau

aus bunter blumenzier die wiese singt
der wind zerflattert tulpenblätter

aus allen winkeln bricht ein lächeln
auf wegen blutgetränkt
verändert

der schrei der toten steine
der wind zerflattert tulpenblätter

allumfassend

schaue tief in deine seelenfenster
sonne duftende wiesen blüten – zauberisch
spiegelung
lausche lausche dem lied dem großen wort –
allumfassend
täuschung
sonne duftende wiesen blüten – zauberisch
das lied das große wort allumfassend –
schwächelt

in blauschwarzer nacht tanz
der lichtpunkte
beständig fließend mit dem
strom der zeit
ahnen hoben ihre augen
fragend antwort harrend
klagend ihre hände fanden sich
verloren im gestirn der zeit
lichtpunkte – antwort offen

dunkle nächte

worte stürzen aus
dunklen nächten
aus tiefen schächten
auf schwingen singen

mit fremdem klang
lieder künden vom
ende – rot
die flüsse
die sonne schwarz

von schwarzer sonne
von dampfenden flüssen
überlaufend vom rot
vom schwarzen rot

2

geheimnisvoll

liegt

dort

der see

schlingpflanzen trüben grün

augen blicken suchend

    in die tiefe

der grund so unergründlich

    schweigend

zieht der himmel seine

    bahn

aus welken kelchen

sinken silben

heil'ge worte in den abend

bitter rinnt der nektar

bitter schon die

amaryllis

verwittert die seide

brüchiger

zeit

in meiner

hand

schatten

schatten weiden auf augen
müde

deine pianistenhände streichen
unruhig

über tasten die nicht vorhanden
ein dünner strich der mund

bitter
am fenster zittert zwielicht

vogellied

freudlos federn gelassen
mauserzeit
beschädigt das kleid
beeinträchtigte tragfähigkeit
ihn friert sein fröhliches lied
heiseres gekrächze
bezaubernd – einst sein sein
beschädigt von fragen
entehrenden phrasen
im innern mauserzeit neues
lied trifft neues kleid

wirklichkeit

weiße rose früher
sommertage
wundersam
engel standen pate
erscheinung –
im spiegelbild zeugt
mir dein zauber –
wirklichkeit

gewandet im blau durch
jahre brüchiger zeiten
gestutzt die langen haare
illusionen verloren
traum um traum
bewahrt die ideale
in den taschen unserer
jeans im blau im brüchigen blau

bilder

dunkler abgrund lichtferne kälte
im dickicht der gedankenfülle
kopflose bilder
dicht an dicht
brechen schutzlos die
hülle

leben

zwischen zwischen hebung
& senkung
saugt die erde – dampft aus
wort der unwort traum
oder sein zwischen ahnen &
nachfahren blut oder blumen
leben
zwischen hebung
& senkung

weiß

entkommem den ketten dumpf
lockender ruf zum licht
wächserne schwingen dicht
nahe dem strahlenglanz
im rausche der großstadt
geschmolzen die flügel
versunken vergangen im
weiß – im schneeigen weiß

den wind des frühlings
sie spürt ihn nicht
die frische den duft
von mozart – chopin

die sonne spiegelt lustlos
verändert der glanz – selbst
die blauen bänder wehen
nicht mehr

die tage wiegen schwer im
jahre so früh – wo sind die
stürme die wilden – gleich aus-
gelassenen kindern

bäume flüstern raunen
etwas fehlt

schaukeltanz

azur von droben dringt ins gemüt
die eberesche steht in voller frucht
schon will die brombeer reifen
kohlweißlings schaukeltanz –
darüber sommerglanz die welt für
einen augenblick – impliziert
scheint heil scheint wieder ganz

3

einst

einst erzitterte die helle
nacht mein aug' in deinem
brach raubtest mir die seele
es schien – die welt blieb
stehn

morgendlicher oktober

gelbgoldenes blättergewirr schwärzlich

bricht geäst ins auge – der tag zuckt auf

zitternde stille – lider senken deine wimper

zu erhaschen ein quäntchen gelbgolden

die weite – bläue – das azur
des himmels über mir

im innern dieses unbewusste
sehnen

fieberhaft das rascheln der
blätter im wind

worte
entfernt verhallen

erstarren und ab und zu
das kreischen einer säge

maron

das grün von baum zu baum

ein variabler schimmer

das aug' verweilt es bleibt

ein hauch

vom baum maron

harzig die letzte sommer-

träne rinnt

mit grün

vergilbt ihr grün
gelb auch die kleinen
nasen der linde im
wind
meine augen verweilen
schauen
ihren mühsamen kampf
ums bleiben
sie schenkte großzügig trost
in diesem verzweifelten
sommer
als das lächeln erstarb
fächelte heiße tränen
mit grün

bitterweiß

quälend frühe blühe
in den wäldern bitterweiß

anemonen – frühling
schwärend – ähnlich

einer wunde – ob er nähme
& nicht gäbe

rot

und fällt dieser riesenmond
in den winterabend

schattenhaft
ein letzter gang mit hund

eine tür schlägt zu
schlurfende schritte

jemand schleicht ums eck
einsam glimmt die zigarette

rot zittert die luft

und fällt dieser riesenmond

in den winterabend

das plagiat

ein rascheln der stille im garten

das lächeln der rose aus stein

kalt – nur plagiat und doch …

auf den wegen die schatten schweben

farben dicht wabern ineinander

der wind stöbert in den baumkronen

kalt lächelt die rose aus stein

wohin

lavendeltöpfchen auf dem tisch

düfte augenträume der provence

wohin das lila-blau strahlend

früher kühle kalkgestein in klarem

weiß – fuß um fuß in steilen gassen

im lichte – flüchtigkeit

betäubung

weich bis gefährlich
verschleierter blick
abgestumpft
im quadrat
in märchen dümmlichen
sprüchen der very important
people
zieht der abend dahin
gebt uns brot und spiele —
verklebte hirne
schalt mal um

4

ohne titel

er lauscht den wellen
sein weißer bart eilt

der zeit weit voraus
endlos könnte er verweilen

seine träume spiegeln in der gischt
der himmel wirft schatten

grau – möwenschreie schrecken auf
weißer bart – weiße gischt

die flut das wasser
steigt

a r i e l e

immer drei handbreit über

der erde

unbodenständig

schwebend zwischen

wort & wort

am abend nahe den flusstälern

den sternen

begegnung im frühling

faszination dieses trostbild
anziehend – abstoßend
der blick in somnambule
sinnliche augen

ihre farbe – undeutbar
frühlingssonne ließ farbtupfer
einfließen – ein eigenes farbenspiel
im rücken laute disharmonie

wälder

durch die wälder braust der wind
bin seine wilde braut
drängend wird's im innern

ein schrei entlädt sich – zu füßen
schläft ein dorf den alltagsschlaf
niemand hört den schrei

über den wipfeln der greifvogel
einsam zieht er seine kreise
schaue hinauf – im innern

eine leise stimme

ende

in seinen armen
stirbt sie

stirbt an einem wort

in der luft noch
der duft von rosen

am anfang am
ende – das wort

weiße rose

blüht wieder die weiße rose
steigt aus tiefem grund
erinnere ich hans & sophie scholl
ihren treuen freunden
der weißen rose reinheit
ihre gesinnung
hingerichtet dennoch strahlt ihr
licht zeitlos in die zeit

leichtigkeit

watteweicher traum auf

zweigen leichter schwere

ein hehrer glanz erwacht

erwacht zur zauberwelt

schneeelfen tanzen sacht

ein staunen streift die erde

sternenfern

eine blau-dunkle nacht
breitet aus ihr

schützendes tuch
taucht uns in wärme

trägt kostbaren schmuck
der himmelsraum

streut funkelndes glitzern
sternenferne – erzählt

n e t z h a u t

harmlos dein blick dahinter
haust die trauer

weißt du um sie
wann sie als stummer

schrei bei dir einzog

ergründen möchte ich sie
stumme suche auf deiner

netzhaut

vision?

ein weben schweben in der luft
homo sapiens globalisiert
informative geröllströme
vernetzte räume
träume genverändert
tanzender kreis im menschenpark
vision?
ein weben schweben in der luft

5

ist es dein tag
ist es mein tag
ein lächeln im geblätter

das erzittern der äste
das wetter schlägt um
die sonne schenkt ihren charme

im aug' dein liebes staunen
dazwischen warmes raunen
ein lächeln im geblätter

flirrend

kein soll nicht muss
nicht

morgen heute
jetzt

ein hier – das
licht

flirrende luft der
blick

worte

auf weißen bögen
wiegen sie schwer

fürchten das weiche
das seichte

dennoch wiegen sie
auf die wege der

dornen

n a c k t

nonverbales nackt und arm

zwischen den zeilen

grau die luft im raum

und draußen singt der eisvogel

irrung

friedvoll ist es im reihenheim

blütenkelche zart zwischen strauch und baum

friedvoll war es im reihenheim

laut brutal es durch das grün der hecken brach

ein verletztes lachen antwort gab

friedvoll war es im reihenheim durch die

terrassentür syrisch blut in strömen

über weiße platten rinnt

der anblick

erkennen – nein

eher ein erfühlen

alle himmel alle höllen

durchlebt die seele

verbrannte erde

vergiftet die meere

die gewalten beben

keine mittellage in sicht

das innere ein krater

brennpunkt unvergänglich

eine handvoll

tage vergehen entschwinden schmelzen
gleich schneeflocken gleich eis

was war gestern was morgen was heut'

eine handvoll träume
eine handvoll reis

rücksprache

gehe durch diese straße häuserreihen

uniform

erinnere

hier legten sie ihre häupter nieder

zum letzten ihrem letzten traum

ich blicke hinauf – ihre seelen

geranienrot

6

ideal

für ihn muss stets
festtag sein
selbstvergessen
rein

alltag ohne kerzen
blütenschimmer roten
wein
brutal – eine qual

die luft gar schal
verbraucht
ohne blau
der zwitter stunde

verdunkelt das antlitz
kalt
zerissen
wunde

wo führen sie hin diese
raschelnden schritte
im laub

in eine dunkle zukunft
diffusen nebel ins licht
ins helle

die sonne grüßt
ein wenig müde
schon verblüht die blume

die welt geht ihren gang

das denkmal

abstrakt – verfremdet
ein hauch – der ahnung
vom schmerz der ahnen

lange lese ich hinter
dem außen
zu erfassen den sinn

lese im antlitz – zerissen
sehe das schwarzkleid
einer anderen zeit

das haupt schmückt eine dornenkron'
der mund stumm – ein gellender

schrei

der fluch

*es war als hätt' der himmel die
erde still geküsst
abendrot* spielt mit den wolken

in fernen ländern verrenkte stumme
leiber wie wegeworfen – alte kleider
männer mit helmen mit waffen

verirrte kinder suchen – weinen
es ist als hätt' der himmel
die erde längst verflucht

das bild

blau-goldner tanz
sonne – ohne sie

wäre alles – nichts
ihr bild schweigt

von zauber-lust
und glut

blau-goldner tanz

sein und vergehn

v e r l i e r e n

die augen getränkt
versenkt im neu
im üppigen grün
gedanken bedrängt

mit weltensorgen
wie geht es poesie
zu finden
wenn sie dahin

verlieren das schöne
im herzen
nur bombenbilder
schießen morden

wie den kindern erzählen
ohne zu quälen zu zerstören
ihre träume kindliche wünsche
das belecken der medien

vermeiden – verweilen
den kopf ins vergnügen
genießen – schweigen
Was Dann

das blut getränkt von

unrast

vergangenheit – des winters

last

die sonne zaubert ein lächeln

der wärme alles glänzt neu

gleich frisch gestrichen

medial

von wort und bild zerissen

es gewittert
blitzschneller wechsel

am fenster – ein kind
große augen schauen

donner – zittern

bomben fallen
himmel erde fenster kind

lichtgeflitter – grelles splittern

tödlich

worte stürzen aus
dunklen nächten

singen auf schwingen
mit fremdem klang

lieder künden vom
ende – rot

die flüsse
die sonne schwarz

die mode bestiefelt hübsche
mädchenbeine

ihre schritte klobig
im glanz des leders spiegelt

sich jene andere stiefelzeit herrisch
knallten sie in den straßen von paris

und anderswo – weltweit
folgten den wanderern

durch die wüste aus
deren *sandalen*
rieselte blutroter *sand*

7

und

dann dieses schwingende wellende

lied sonne im spiegel narziss auf glänzenden

steinen ein seufzen weinen

murmelnde schnellen die strömung

streichelt das ufer

in den tiefen träumend die vergessene

leier

tanz
abgrund süß lockt
blicke so tief
im tal – idylle
atem – er stockt

tanz am rande
schrecklich so wild
das innere – hohl
irrend – taumelnd
blind

laut flüstert die tiefe
sehnsucht erwacht
der tänzer – zaudert
weicht rückwärts
elend – so schwach

wieder und wieder
grausames spiel
schritte vor – zurück
suchend – findend
zwei welten – eine zu viel?

die bläue

regenrauschen vertrautes lauschen

murmeln gurgeln

seltsame kakophonie

herbstastern in den gärten

ihre bläue erzählt

die luft durchschrillt

ein martinshorn

spiegelt ominös – dreht

tanzt die bläue

stumm

es fegt der sturm
braust ums gemäuer
krachen ächzen
ein schrei stumm

er sinkt unendlich langsam
das glück entflieht
stumm
er stirbt mein bruder

sie kommen mit sägen äxten
schneiden in die rinde
schnittstellen bluten
stumm
mein bruder er ist tot

wunden erzählen von wachsen werden
von unendlichen zeiten
stumm
mit ihm geht geschichte dahin

mein stolzer bruder
vorüber vorbei
tränende blätter erzählen
stumm

s t e i n z e i t

die steine weinen

der halbmond zieht striche
glühend rollen kalte kohlen
die steine weinen

schon die keule erhoben
tanzt der primat
die steine weinen

der halbmond zieht striche

8

hoffnung

trotz alledem und alledem

frühling – taucht
das land in lockendes
grün

vögel künden wohlgesang
das echo – ach ein falscher
klang

trotz alledem und alledem ...

r a u m

wohne in meiner zweitwohnung
tief im innern

ohne nippes ohne blumen
ohne kerzen keine bilder an wänden

wohne in meiner zweitwohnung
tief im innern

dort ist viel raum viel licht
um mich her

vermisse nichts
selbst das ich ist noch zu viel

wolken

wenn unterm baume still
ich weile
schau den flüchtigen
den weißen zu

wird ruhig das blut die
sorge – schweigt

das gewölke nah und weit
ein stück ein – hauch vom
glück mir zeigt

golden – neues licht
im frühling
geschunden das antlitz

von winter und weh
golden das licht
wie wahr es
spricht

vergiss – vergiss
bald duftet
der flieder

befreit

goldene zeit
im lichte

kleines glücksgesprenkel
tanzt im geblüt

worte – blühende poesie
verströmen diese wärme

stille – befreite
alltags agonie

z e i t

verirrung in den wäldern
ängste treiben durchs unterholz

tiefer tiefer ins dunkel
dort drunten der
ruf einer eule

ein seltener vogel
leib und geist
der ruf – laut – ein schrei

es wird zeit

ein stilles weh
geht um und um

fließt mit dem blut
aus gut

wird böses
erklingt sie wieder

einmal noch
die stille weise

schwereloser klang
der frühen zeit

einer schaut

ungezähmter rausch wilder trip schwalbenschnitt
nahe der wolke verwaschenem grau
graue enge der sie entfliehen – mauernischen
scheunendächer die flügel filigrane messer
und einer schaut – wächst über sich hinaus

rauchschwalben mauersegler singend auf
schaukelnden kabeln
ihre nester – lehmkugeln – speichel – grasstücke die jungen
reißen weit die schnäbel auf schnappen nach der mücke
und einer schaut – wächst über sich hinaus

ungezähmter rausch wilder trip
schwalbenschnitt
nahe der wolke verwaschenem grau
die flügel filigrane messer
und einer schaut – wächst über sich hinaus

elfenbeinwolke

wolken stehen still

ruhen sanft in sich

streifen – helles elfenbein

ein leichter wind – es bleibt

der himmel wie er ist

sein bild es prägt sich ein

das schwache blau

ein streifen helles elfenbein

Zur Autorin

Karin Peters lebt in Aachen. Aufgewachsen ist sie im Frankenberger Viertel am Neumarkt. Sie schreibt seit 1997. Nach der Mittleren Reife beschäftigte sie sich mit Sprachen. Bevorzugt widmet sie sich der Lyrik, schreibt jedoch auch Kurzgeschichten. Außerdem findet das Malen in einer Kunstschule ihr reges Interesse. Sie ist in zahlreichen Anthologien vertreten: „Literamus", Trier; „Deutschsprachige Lyrik der Gegenwart" und „Versnetze", Verlag Ralf Liebe, Herausgeber Axel Kutsch; 10 Jahre Jahrbücher Eilendorf/Aachen; Wortspiegel Berlin; in verschiedenen Stadtmagazinen; Lyrik und Prosa in den „Aachener Nachrichten"; gemeinsam mit anderen Literaturfreunden war sie auch im Rundfunk Aachen mit einer Lesung vertreten.

Karin Peters nahm an zahlreichen Lesungen teil, u.a.:
- Literaturfest „Leselust am Lousberg", Aachen
- Pfarrzentrum St. Severin, Aachen
- Domsingschule Aachen
- In verschiedenen Café-Häusern in Aachen
- In der Synagoge Trier
- Lesereihe „Silbenschmiede" im Haus Löwenstein, Aachen